斎藤一人

明るい未来の作り方

斎藤一人 著

ぴあ

はじめに

世界的な危機的状況の中、たくさんの質問が私のところにきました。

この本では、その質問に答えながら、どうすれば「未来は明るくなるのか」をお伝えしたいと思います。

未来を明るくする方法は、実はシンプルで、誰でも簡単にできるのです。

それをやるか、やらないか、それだけの違いです。


がんばる必要はありません。

どんなにつらい状況も必ず終わりが来ます。

大丈夫、なんとかなる。

未来を明るくする方法は、たった一つ。
「思い」を変えるだけなのです。

一人さんを信じて
あなたの未来を変えてください。

PS
みなさんに元気になってもらいたくて、久しぶりに、CDを付けました。
本邦初公開、約80分のCDです。
時間があるときに、楽しんで聞いてみてください。

もくじ

●一人さんは、自分のことを「一人さん」と呼んでいます。
●本文中、神様の話がたくさん出てきますが、
一人さんの言う「神様」は特定の宗教の神様ではありません。

序章

［対談］

パンデミック禍において大切なこととは

新型コロナウイルスの感染（以降「コロナ」）が始まって、令和2年の一年間は、世界中の人々が今までにない経験をしました。この衝撃的なパンデミックについて、愛弟子の舛岡はなゑさんと対談していきたいと思います。

一人さん　「コロナ」禍によって、人々の暮らしは大きく変わったよね。人の行き来が止まったり、街がロックダウンされたり、仕事ができない人もいた。医療従事者は、命を削って「コロナ」と戦ってきたよね。世界中の多くの人が、かつてない経験をしたと思います。

はなゑ　中国で、コロナウイルスが発生して、人と人との感染があるとわかったとき、一人さんは今の状態を予知していましたよね。

一人さん　予測していましたね。大きな騒ぎになるだろうと考えていました。

どうして予測したか、と問われれば直感としか言えないけど。日本にも不安が拡大すると令和2年1月の時点で、そう思ったよ。

はなゑ 「銀座まるかん」（一人さんの会社）では、4月の初旬に毎年大きなパーティーを開きますが、一人さんは、1月の下旬に中止を決めましたよね。

一人さん これも直感ですね。4月にはパーティーができる状態ではないと感じたんだよ。

はなゑ パーティーの開催をキャンセルしたとき、ホテル側の人はびっくりしていましたね。まだまだ、日本ではそんな騒ぎにはなっていませんでしたから。一人さんは、「4月には、コロナの蔓延がピークになるから、早めにやめよう」と誰よりも早く判断しましたよね。

一人さん　2000人もの人が、ドレスアップしているときに、マスクでは集まれない。大声を出したり、踊ったりもできないからね。もちろん、密になるし、感染も心配だった。それに、全国から集まるから飛行機やホテルを予約したりする人も多い。

はなゑ　ホテルの人は、1月の時点で「コロナ」のことでキャンセルする人はほかにいなかったので、すごく驚いていましたね。「延期ならいいですが」と言われたくらい。でも、4月になってみたら、緊急事態宣言も出て、すべての宴会がキャンセルに。あとになって、ホテルの方から、「斎藤一人さんは先見の明がある」と、わざわざ電話があったほどです。それだけ、一人さんには先を読む力があるんです。

一人さん ただね、令和2年の1月の時点では、「どのくらい広まるかはわからない」と感じていたけれど、もう大丈夫だよ、私の勘だと春が来れば収まりだすと思うよ。

もうそろそろ、安心して暮らしたほうがいい。正しく恐れながら、日常を取り戻していくときだよ。

はなゑ イベント中止のほか、まだ日本に「コロナ」の感染が拡大していない時点で、「まるかん」の仲間に、伝えたことがありますね。

一人さん 「まるかん」の仲間や一人さんファンのみんなには、**どんなつらいこと、苦しいことがあっても、「先を悲観しちゃいけない」って伝えたね。**

今だけを見ると、イヤなことばかりに感じちゃう人もいるんだよ。でも、これからは悪いことなんて起きない、絶対よくなるって思うと本当にいい方向へ向かうことができるの。それをメッセージとして伝え続けました。

はなゑ　一人さんの場合、仕事に関しては支障なく進められていましたね。

私の場合、もともと、令和2年の年は講演会をお休みすることにしていました。月に、約10回行っていた講演会でしたが、少し休んでインプットの時間にしようと思っていたんです。それが、ちょうど「コロナ」の自粛時期だったの。これも、すごい直感でした。

一人さん　今はね、お弟子さんたちに

「どんなに悪いことも必ず終わる」ということを伝え続けているね。

「未来は明るい」ということなんだ。

一人さんは、このパンデミックから、2つの免疫をつけるときだと思っています。

1つは、体の免疫力をつけるとき。

体の免疫力っていうのは、自分の体を知って、病気に抵抗する力をつけること。そのためには、バランスのよい食事をしたり、免疫力が上がるような食物を摂取することが大事だよね。

はなゑ　家の中でできるエクササイズをしたり、散歩をしたり、体を動かすことも大切ですね。

一人さん　そうやって、少しでも自分の体をいたわり、強くしてあげることだよね。

2つ目は、精神面でも免疫をつけることだね。

「コロナ」との生活に慣れて、ルールを守りながら、楽しみを見つけること。

暗い気持ちにならず、明るい未来を常に考えていくこと。

これは一つの訓練なんだよ。「楽しいほうへ目を向ける」……そうすれば自然と心の免疫力が上がっていくんです。

はなゑ　いつも一人さんがおっしゃっていることを実践するときですね。

笑顔で毎日を過ごす、周りがどんなに暗くても自分だけはご機嫌でいる、天国言葉（＊P15欄外参照）のような愛のある言葉を話す。明るいほうへ向かう小さな積み重ねが、いい未来を作るのですね。

今、周りに左右されない「判断力」が求められています。正しい「判断力」とはどういうものなのでしょうか？

一人さん　正しい判断力とは、「自分を信じて答えを出す」、そして「先は絶対明るいんだ」と思うこと。先を暗く考えちゃダメなの。

こんなこと言うとおかしいけど、どんな感染症も最後は終わっているんです。ペストでも、チフスでも終わっていたの。今回のコロナも必ず終わるよ。それこそ、ペストやチフスより早く終わる。

「今回は新型だ、新型だ」って言っているけど、パンデミックを起こす感染症はどれも新型なんだよね。正しく恐れればいいだけ。あとは、パンデミックという名に左右されず、冷静に判断することだね。不安をあおるような情報を真に受けてはいけないんです。**そして、正しいことを言ってくれる師匠を持つことが大事だよ。**

どんな師匠がいいかというと、明るくて楽しい人を選ぶことです。人を否定せずに、「あれもできる、これもできる」って、自由に好きなことをやらせてくれる人がいい。

＊天国言葉とは、「愛してます　ツイてる　うれしい　楽しい　感謝してます　しあわせ　ありがとう　ゆるします」の8つの言葉。この言葉をたくさん言うと、また言いたくなるような幸せなことがたくさん起きる。

はなゑ　まさに一人さんみたいな人ですね。

一人さん　俺じゃなくてもいいんだよ。あなたが好きな師匠のいいところだけを取り入れる。そして、あなたができることから、始めてみること。

そうすれば、悪い情報に惑わされることはなくなるよ。

はなゑ　「コロナ」禍により、一人さんのライフスタイルや仕事の仕方は変わりましたか？

一人さん　仕事の仕方は変わらないけど、外出を控えるようにしていましたね。自粛しながら、普通に過ごしていましたよ。自粛というムードがあったからね。ムードを壊しちゃいけないんだよ。世間のムードは、ある意味マナーなんだよね。だから、マスクはしているし、密は避けていた。

ただね、家にいても楽しむことはできるの。ためていた本を読んだり、好きな映画を見たり、いろんな映像を見たり。今まで、できなかったことをやることができました。

それに、どこにいても心は旅ができるからね。大好きな青森の風景を想像するだけでも、ワクワクできる。自分を楽しませてあげることをいっぱいやっていました。

はなゑ　私の場合は、仕事では、リモートでの会議やズームの会合に慣れてきました。遠くの人とも画面を通して話せる分、心の距離が近くなった気がしますね。もちろん、直接人と会うメリットもあるけど、多くの人と一度に会議ができたり、遠くの人とも顔を見て話せるようになって、以前より仕事がしやすくなりました。

「コロナ」がなければ、ここまで仕事の仕方が進歩しなかったと思うんです。

一人さん　多くのつらいことがあったけど、進歩したこともいろいろあるんだよね。

はなゑ　「コロナ」に直面し、悪かったこと、そして良かったこととはどんな点でしょうか？

一人さん　悪いこともたくさんあったよ。「コロナ」にかかって、亡くなった人もいるし、経済的に苦しくなった人もいる。でも、みんな、必死でがんばって生きてるんです。

悪かったことは山ほどあるの。その中からいいことを探して生きていくんだよ。悪かったことなどみんな百も二百も知ってる。

一人さんは、悪かったことなど話したくはない。それよりも、少しでも心に灯をともすことを話したいんだ。

はなゑ 本当ですね、悪かったことを話しても、明るくはなりませんよね。

では、良かったことはなんでしょうか？

一人さん 「コロナ」によって良かったことは、命を大切にすることをあらためて気づけたことだね。 生きていることへの感謝だね。

「コロナ」にかかって、死んでしまうこともあるし、これからだって感染するかもしれない。

当たり前の日常、当たり前の幸せに感謝することです。これからも、何かあるたびに、感謝をすることだと思うよ。

はなゑ　海外にも行けない、遊びに行けない、自粛の生活を通して、そのありがたみを知ることができましたね。人に会えること、好きな場所に行けること、好きなものを食べられること、そういうことが、ありがたいことだったんだ、と実感できましたね。

一人さん　いろんなことが気付けた。そういう意味で、学ぶことができたんだよね。

はなゑ　「コロナ」が起こったのにも何か意味があったと思うのですが、コロナの意義とは何だったのでしょうか？

一人さん　このパンデミックがなぜ起こったか、それは神様しか知らないんだよ。

その中で、俺たちは明るく生きるんだよ。少しでもがんばって、未来に希望を持ってね。

俺たちの試練なんて、たかが知れてるよ。お袋の時代なんて、戦争をしていたんだよ。あの悲惨な戦争でさえ、終わったの。地震や津波さえ、乗り越えてきてるんです。それを信じて、強く生きるしかないんだよ。

それから、情報に左右されないことだよね。怖がらせる情報が多すぎる。正しい情報を見極めて、未来を暗くさせるような情報に惑わされないことだよ。悪い情報ばかり見て、不安がっちゃいけないの。

その中で一つの光を見つけることなんです。

はなゑ　人生って、意識しているほうに、進んでいくものです。だから、「明るいほうへ向かっている」と信じることですね。

一人さん　日本で死者が少ないのは、日本人がマナーを守ったり、清潔に過ごしたりしているおかげだよね。それから、まだ承認されていないけど、日本で開発された特別な薬もあったからだと、一人さんは思っているの。

この薬は、ある病気を治すために開発されたものだったけれど、世の中に埋もれていたんだ。それが「コロナ」のおかげで、日の目を見ることになった。そして、多くの人を救うことにもなったの。

そう考えると、この薬も光なんだと、一人さんは思っている。

こうやって、光を見つけることだよね。

一人さんは「令和2年の4月ごろには、多くの人が感染に敏感になる」って、ピタッと当てたんだよ。だとしたら、この本が出るころには、少しずつ先が見えてくるはずだ。

それをみんなに伝えたいんだ。

人の肩の荷を下ろしてあげるのが俺の役目だからね。

はなゑ　「コロナ」前の世界と「コロナ」が始まった今との違いって、何でしょうか？

一人さん　それは、ひとりひとりぜんぜん違うんだよ。世の中単位に考えてもダメ。個人単位で考えるべきなんです。
多くの負債を抱えた人もいれば、儲かった人もいる。特に何もなく、平々凡々と暮らしている人もいるんだよ。

はなゑ　内定した会社が取り消しになって、意気消沈していた青年がいたのですが、再度受けた会社に合格。前の会社より、条件もお給料もよく、今の会社でよかったって喜んでいた。こんな風に、「コロナ」のおかげで、運を味方にした人もいますよね。

一人さん　何が違うかというと、幸せな人が「私は幸せだ」と大っぴらに言えなくなってきてるところかな。

大変な人もたくさんいるからね。いいことがあっても言えないムードになってきている。それが前と今との大きな違いだね。でも、そろそろ幸せを口にしていいと思うよ。

はなゑ　「コロナ」が発生した今、人々はどう生きるべきだと思いますか？

一人さん　今まで以上に強く生きるべきですね。

今、まだ不安と恐怖の中にいる人もいるだろうけど、不安や恐怖につぶされちゃいけないよ。今は人それぞれ、必要なことを学ぶべきときだと思うよ。

自分を大切にすることだったり、他者をいたわることだったり、お金に関することや固定観念を変えることなど、学びのテーマに違いはあるけど、ひとりひとり学びがあるはずです。

生きているうちに、大きな試練は必ず起きるんだよ。ただね、今回のようなパンデミックは、これが最後だと私は思うよ。もうこれで終わるよ。二度とこういうことはなくなる。

はなゑ　AIや化学が進んで、予防法や薬もすごい勢いで開発が進んでいるようだし、対策も進んできましたしね。そう考えると、もう心配し過ぎなくていいですね。

一人さん　今、地球が1つになるときが来たと思うよ。地球村だね。

分断されていた思いが、「コロナ」を乗り越えるということで、一つにまとまらなきゃいけないんだって思うよ。

国境がなくなるという意味じゃないよ。日本だけが健康になっても、意味がないよね。中国だけが終息してもダメだし、アメリカだけが立ち直ってもダメなの。世界が足並みそろえて、健康な状態になるということ。ワクチンも出始めているけど、これを奪い合ってもしかたないよね。「コロナ」の問題は、自分の国だけが良くなっても解決しないんです。

地球村が健康体になるためには、それぞれの国が知識や人材を使って、助け合うってことなんです。

世界がまとまることで、温暖化を止めたり、地球を守る方向へ向かう。その方向に向かったとき、「コロナ」が終息に向かうんじゃないかな。

はなゑ　本当に、世界が団結して、「コロナ」を撲滅できるといいですね。

一人さん　冷静に考えて、昔はワクチンもなければ、薬もなかったの。検査機器も十分ではなかったしね。また、予防策もはっきりしなかった。それでも、感染症は終息できたんだよ。今はさ、こんなに化学が進歩しているんだもの。不安がらなくていい、もう大丈夫。

「これから、もっとひどいことになる」なんて言う人もいるけど、そんなの何の根拠もないよ。

日本の終息は、目の前。そして、先は明るいんです。

第1章

危機に直面したときにどう生きるか

令和2年という年は、「コロナ」感染症という伝染病の出現により、世界的な危機に直面しました。世界中の人が、今まで日常だと思っていたことが、日常ではなくなり、普通にできていたことができないという毎日を送りました。その中で、「どう生きるか」がある意味課題になったのだと思います。

パンデミックに限らず、震災や災害、個人的な損害など、この先困ったことは誰にでも、いつでも起きるものです。

さまざまな危機に面したとき、どう思うか、どう生きるかが、その先の未来を変えていくんです。

未来を作るのは、「今の思い」。だからこそ、「未来は明るい」と思うことなんだよね。

一人さんだって、困ったことやつらいことは起きます。人間だからね。

ただ、ここでどう考えるかなんです。このことで、何が学べるのか、何を得られるか、それを思えたら先は明るくなるよ。

もちろん「コロナ」禍は、大きな試練だけど、社会の構造を大きく変えたよね。なかなか進まなかったテレワークを、一瞬にして日常にしてしまった。これにより、地方へ移住する人も増えたようだね。また、リモートの会議を当たり前にしてしまった。私の会社、「銀座まるかん」でも、ズームを通して、全国の人たちが顔を見て話せるようになった。今まで、なかなかスムーズにできなかったことが、「コロナ」禍によって一気に行きたい方向へ加速したんです。

困ったことが起きたら、「面白いことが起きた」と考えてみる。そして、「これから先は明るくなる」という思いを持っていく。これこそが、「明るい未来」を作ることなんです。

では、「危機的状況にあったときの心の持ちよう」について、質問に答えていきましょう。

Q1

「コロナ」のような感染症だけではなく、災害や事故などの危機に直面したとき、どういう心構えを持っていればいいのでしょうか？

A

人は何度も生まれ変わるし、どんな困難でも乗り越えられるんです。

だから、必ず未来は明るいと、見ることだね。

「先は不安しかない」と言っている人と、「そんなことはない、明るい未来を見よう」と言っている人の「違い」だよね。未来は明るいと思うと、不思議だけど、本当に明るくなるもんだよ。言霊《ことだま》の通りなんだ。

「今日もご飯がおいしくて幸せだな」「あなたの笑顔を見ると元気になるよ」そんな前向きな言葉を話すことです。人に話せないなら、自分ひとりのときに、天国言葉（P15参照）を何度も呪文のように言ってもいいの。今からでいい、いい言葉を話してごらん。

それから、感謝を忘れないことだよね。

日本という国は、本当にありがたいんです。それに感謝することだよね。国はさ、ひとりに10万円も配って、マスクだってくれたんだよ。安倍元総理もなんとか国民を守ろうと、がんばったんだよ。それに文句を言う前に、まずは「ありがとう」と感謝をすることです。

一人さんはどんなに税金を払っても、文句は言わないよ。そのお金で日本をよりよく変えてくれれば、うれしいんです。

医療従事者に感謝することはもちろんだけど、国や政府にも感謝することだよ。そして、日本に生まれたことをありがたく思うこと。その思いが、未来を明るくするんです。

Q2

大きな危機が起きた今、
多くの人が不安になっています。
不安な状態は
薄れていくものなのでしょうか？
不安をなくすための方法はありますか？

A

みんなで、明るく楽しい話をすることだね。

「これから感染者が増えたら困る」「今のままでは仕事が不安だ」こんなことを言う人のそばにいちゃいけないよ。どんな世の中にも明るい未来を見ている人はいるからね。

「これからはワクワクしたことしか起きないよ」「今も楽しいけど、明日はもっと楽しくなる」「日本に生まれてよかった、ありがたいこと」こんな言葉を口にしている人と、いっしょにいて、未来の楽しい妄想をしたり、アイデアを出したりするといいんだよ。


光を見つけることだね。

Q3

自分は大丈夫と思えるためには、日ごろからどのようなことを心がければいいですか？

A

パンデミックの中で、多くの人は「大丈夫」なんて思えないよね。誰もが不安を抱いていて、当たり前なんです。

重要なのは、「大丈夫」と思えない中で、どれだけ光を見つけるかなんだ。

「楽しいことを考えなよ」ってことだよね。

明るい言葉を言うとか、明るい情報を見るとか、明るい映像を見るとかね、とにかく明るいほうへ自分を向けることなんです。

怖がりな人は、怖いニュースや情報を見たがるんだね。今のニュースは、感染者数が何人だとか、医療崩壊まであと1週間だとか、不安をあおるものが多いんだよ。正確な情報を確認することは大事だけど、それに対しておびえたり、一喜一憂する必要はない。

そうだね、安心したいなら、この本を読んでごらん。一人さんの別の本を読んだり、ＹｏｕＴｕｂｅを聞いてもいい。そうすれば、光が見えてくるはずだよ。

Q4

一人さんのおっしゃる
「正しく恐れる」とは、
具体的にどういうことなのでしょうか？
どう恐れればいいのでしょうか？

A

一人さんが、「大丈夫だよ、大丈夫だよ」って言うと、何もしない人が出てくるからね（笑）。マスクと手洗いだけはしようよ。そして密は避けよう。これが正しく恐れるということだよね。

でもね、そうやって、気を付けていてもコロナにかかる人はかかるの。コロナにかかっている人だって、きちんとマスクも手洗いもして、感染対策をしている人はたくさんいるんです。かかる人はかかるし、かからない人はかからないんだよね。

ただ、あくまでこれだけ死人が少ないということは、前にも言ったけど、日本にいい薬があって、それを飲ませている医療機関があるんだと思うよ。一人さんは、そう思っている。

Q5

一人さんを見習い、少しでも人の心を軽くしたいと思うのですが、危機的な社会の中、人の心を癒すには何をしたらいいのでしょうか？
弱っている人にかける
いい言葉はありますか？

A

「どんな悪いことも必ず終わる」って言葉だね。これしかないよ。

どんなに一人さんが「大丈夫だよ」って言っても、不安な人は不安がるからね。やまない雨はないのと同じ。季節が巡るのと同じ。必ず終わるからね。

「どんな困難も必ず終わる」と言ってあげて、寄り添ってあげるしかないね。

そしてね、身内を亡くした人がいれば、「また生まれ変わって、来世で会えるからね」と言ってあげてほしい。そう願えば来世もいっしょにいられるよ。一人さんは、それを信じているんだ。

Q6

大きな危機に直面したとき、
多くの人はダメージを受けると思います。
悲しい、つらいという思いのあと、
何を思うと立ち直れるのでしょうか？

A

必ず世の中、よくなる、先はよくなると思うことだね。

つまり、「一寸先は光」と思うこと。

よく「一寸先は闇」という言葉を言う人がいるけど、そんなことはないんです。次は光と思うと、光が差してくるんです。

こんなふうに、いい方向へ〝思い癖〟を付けておくことなの。

難事が起きてからやってみようと思っても、なかなかできないんだよ。何もない普段から、こういう訓練をやっておくことなんです。死んでから保険に入れないのと同じだよ。

石に躓《つまず》いてたら、大けがしなくてよかったと思う、0点を取ったら、まだまだ伸びしろがあるって思う。

いいことを思うだけで、光が見えるだろ？

大きな悲しみにあったとき、すぐには思えないかもしれないけど、〝思い癖〟をつけておけば、立ち直りも早くなるはずだ。

Q7

「未来は明るい」と思ってはいても、
危機的状況に陥ったときに、
そう思えないことがあります。
未来は明るいと思えるために、
日ごろから何をすればいいのでしょうか？
また、今、何をしたらいいのでしょうか？

A

未来は明るいと日ごろから思うこと。これに尽きるね。思えなくても、思ってみるしかないんだ。いたちごっこなんだよね。

「未来は明るい」と言葉にしたり、明るい本を読んだり、明るい音楽を聴いたりするのもいいだろう。明るい人のそばに寄り添うことも大事だろう。


たとえば、「コロナ」禍で、飲食店を経営している人は、大きな打撃を受けたと思うよ。ただ、こういうとき早く方向転換して、違う方法で稼ぐ道を探すことなんです。テイクアウト専門にするとか、通販商品を作るとか、何か違うことをね。そうすれば、打撃は小さくなる。

さらに、新たな商売を発展させることだってできるのです。

人より一歩早く行動することで、光を見ることができるんです。

何より、一人さんは「未来は明るい」と思っているの。未来は暗いと思っている人と、明るいと思っている人、どっちが幸せなのかを考えてみることだね。

一人さんみたいになりたいなら、「楽しい未来が待っている」と思うことです。

Q8

どんなときでも、
人の意見やメディアの情報に流されず、
自分らしく生きたいと思います。
そのための方法や秘訣はありますか？

A

神様を信じること。

神様がいることを信じることは、「未来は明るい」と思うことなんだよね。

なりたい自分に、なりたい未来に、チャンネルを合わせることなんだよ。明るいほうのチャンネルに、自分を持っていくってことだよね。

Q9

何かをやり遂げる人、
運を持っている人、
オーラのある人というのは、
見てわかるものなのでしょうか？

A

私の場合はね、一目見れば成功する人かどうか、わかるね（笑）。

ただ、説明のしようがないんだよ。

この人は成功する人って、今まで見てきた人は必ず当たってきたよね。そして、これからも必ず当たり続けると思うよ。

そうだな、どうしても聞きたいって言うなら、教えるとね、
ズバリ、「愛があって、華のある人」なんだよ。


華があるっていうのは、明るくて、人をホッとさせてくれる人だね。その人自体が華のような人だよ。でも、華やかなだけじゃや、ダメなんだよ。

愛がなきゃ成功しないの。

愛と華がある人は、絶対成功する。世間も神様も放っておかないよ。

キリストも釈迦も「愛と華」があったんだよ。だから、みんなを魅了したんだよね。愛があって華のあるお師匠さんってさ、すごい優秀な弟子が集まってくるんだよ。ある意味、お師匠さんより、能力のある弟子が寄ってくるんだよね。

一人さんのところにも、すごい人材が弟子になりたいってくるんだよ。いろんな才能を持った素晴らしい人がね。ある面では、師匠より優れた才能があるの。歌がうまいとか、絵がうまいとか、美しいとかね。「あなたのほうが、一人さんより魅力的だよ」って言いたいくらいいね。でも、そういう人でも、一人さんの弟子になりたいというから、不思議だよ。

成功するのに一番大切なのは、愛があって華があること。そして、常に明るいことだよね。

Q10

危機的な状況になった場合、
何を最優先に考えるべきでしょうか？
愛する人や家族ですか？
自分でしょうか？　それとも、
ひどい被害にあった人なのでしょうか？

A

愛を持っていると、自然と誰を優先にすればいいのかがわかるんだよ。頭の中で考えるものではないんだよ。自然と「この人を救いたい」とわかるよ。

まずは、日ごろから愛を持つことだね。

Q 11

今、多くの人が危機的な状況にあい、
ストレスを抱えています。
ストレスを解消するための
より良い方法を教えてください。

A

世の中、先は明るいと思うこと。

それとね、愛と華を持って、人と接することなの。

要するにね、人の荷を軽くしてあげようと思うことで、自分の荷物も軽くなるものなんだよ。

ストレスを抱えている人には、「いつか終わるから大丈夫」「これから先は明るい」と声をかけてあげることだよね。

「コロナ」が拡大したとき、一人さんファンの人たちが始めたのが、「さいとうひとり　寺子屋　お茶会」という集まりです。少人数で集まったり、リモートで行いながら、1人5分の時間を使い、みんなの前で話をする会です。

ここでのルールがすごく面白い。一人さんファンのみんなだからね、一人さんの本やYouTubeで感動したこと、うれしかったこと、よくなったことなどを話してもらう。

不満やつらいことがあったとしても、ここでは話さない。そう決めると、どんどんいいことが浮かんでくるんだ。

「〝いい情報だけ受け止めて〟という一人さんの話を聞いて、暗くならずに明るく行こうと感じた」と言う人もいるし、

「一人さんの〝もうすぐ終わるから安心しな〟というメッセージを聞いて、やっとゆっくり寝られた」と言う人もいる。

アメリカの一人さんファンと、日本のファンがつながり、英語で一人さんトークをしてくれているメンバーもいる。

みんなのワクワクした話を聞いて、自分のワクワクしたことを話す。するとと、みんなの心が明るいほうへ向かうんだよね。

この会で、ストレス解消できたという人がたくさんいます。

「寺子屋　お茶会」は、一人さんのお弟子さんたちが考えて始めたこ

とだけど、お茶会でなくても、いい話を共有すればいいんです。
仲のいい友達と、「今日、発見したいいこと」をSNSで報告し合うとか、「愚痴禁止」のリモート飲み会をしてもいいよね。明るい妄想を発表し合ってもいい。仲間と直接会えなくても、「明るい未来に向けて」やれることはたくさんあるの。

仲間の絆は大事だし、仲間がいるから前進できるんです。

それからね、いい言葉をいっぱい使って、明るい未来を語ると、いつの間にか、悪い波動の人は周りにいなくなる。一人さんのようにね。

Q12

つらい状況の中、
家族が笑顔で仲良く暮らす
アイデアがあれば、教えください。

A

まずは、自分が明るくすることだよ。家族の中がどんなに暗くても、自分だけは明るく過ごす。家族のせいにしちゃいけないよ。一番相性の悪い者同士が家族になるの。だから、気が合わなくて当たり前。

まずは、自分の機嫌をとることなんだよ。家族に関係なく、好きなことをしていいんだよ。

それとね、「お父さんは暗いから」とか、「どうして、お姉ちゃんは明るくないの」とか言っちゃダメだよ。家族のことはどうでもいいの。大事なことは、あなたが一人で、家の中を明るくして、楽しくいることです。外へ行ける状態になったら、ひとりで遊びに行ってもいいし、仲間を作って旅行に行ってもいい。ご機嫌で家に帰ればいいの。

灯りは自分でともすんだよ。

そして、家族の中で最初の光にあなたがなることです。

第2章

神様に愛されるために必要なこと

一人さんは、昔から神様の話が好きなんです。ちょっとその話をしてみよう。
神様というと、何か宗教だと思われるけど、私が言う神様は、特定の宗教における神様ではありません。私たちの命を創造した「大いなるエネルギー」を指しています。神様ってすごいんです。すべての人間を平等に、愛してくれていて、優しく見守ってくれている。

今、「コロナ」禍の中で「神様は私を見放した」なんて思う人も大勢いるかもしれないけど、そんなことは決してしないんです。

神様は無条件にすべての人を愛してくれているんだよ。

もし、見放されていると思っているなら、自分を愛していないということ。

人間は素晴らしいことに、誰もが神様から分御霊《わけみたま》をいただいて、この世に生まれてきています。そうだな、神様が親機だとしたら、私たちは子機みたいなもの。いつも、神様とつながっているし、私たち自身の中にも神様が存在するんです。

つまり、どの人の心の中にも神様がいるんです。

自分が神様だと思うと、自分への扱い方も変わってくるだろ？　自分を大切にし、自分を敬い、可愛がってあげなくちゃいけないの。どんな状況でも、自分を愛してあげることを、忘れちゃいけないよ。

「明るい未来」を作るためには、神様にひいきされるような生き方をする。具体的に言うと、**それは、まず神様の存在を信じて、神様が喜ぶような「キレイな生き方」をすることです。**

神様ってさ、キレイなものが大好きなの。美しいもの、美しい姿、そして美しい心を持つものに、素敵なプレゼントをくれるんだよ。

考えられないような知恵とか、想定外のアイデアとか、素晴らしい人脈とかね。俗にいう運がよくなるということだよね。

身も心もキレイに生きれば、明るい未来が見えてくるんだよ。

Q13

神様は一人さんにどのようなものを与えてくださったのですか？

A

知恵だね。

なんとなくそばにいて、守ってくれるんだよ。一人さんは、そう信じています。


神事ってさ、「なんとなく好き」っていうのから始まるんだよね。好みというものだね。

芸能人でもさ、韓流アイドルが好きな人も、ジャニーズが好きな人もいる。歌舞伎が好きな人もいるし、大衆演劇のスターが好きな人もいる。それとまったく同じで、好きな神様も人それぞれなんだよ。

私は龍神様が好きなんだよね。

これも人それぞれ。

龍神様を見たことがあるかって言われるとね、見たような気がするね。雲を見ても、松の大木を見ても龍に見えることもあるしね。一人さんにとっては、神様に見えるけど、勘違いと言う人もいるだろう。

そこは感じ方なんだと思うよ。

言葉で説明できるものではない、でも常に見守ってくれる存在なんです。

ただ詳しく説明すればするほど、宗教っぽくなっちゃう。一人さんは宗教家ではないからね。

あなたが好きな神様を、好きになることだね。

Q14

どのような人が、
神様に守られたり、愛されたり、
味方されたりするのでしょうか？

A

神様のことが好きな人が、神様から愛されるんだよ。自分が好きだと、相手も好きになってくれるからね。

「思い」は、伝わるものだよ。

天から神様が見ていると思ってごらん。見えないものが見守ってくれていると思うと、陰で悪いことはできないからね。

それからね、死生観を知ることも大事だよ。

人間は、生まれれば必ず死ぬんです。死なない人なんて見たことないよ（笑）。ただね、肉体はなくなっても、魂はなくならない。新しい肉体を授かって、またこの世に生まれてくるんです。何度も何度も生まれ変わる。これが輪廻というものです。

これを知っていたら、死ぬのも少しは、イヤではなくなるよ。だって、次の人生を生きることができるんだから。

Q15

一人さんのように、
神様を感じるためには、
何をしたらいいのでしょうか？

A

神様を感じるって、これは生まれつきのものなんです。わからない人には、わからないと思うよ。

「神様はいるよ」って言う、一人さんの話を信じてみることだね。

小さなころの話をするとね、一人さんはいつも身近に神様がいたんです。子どもの私には、白い玉に見えたけどね。この神様は、私が疑問に思うことをいつも納得いくように答えてくれたんだ。

「人はなぜ生まれてくるのか」「死んだらどうなるのか」「どう生きれば幸せになれるのか」。それでね、「幸せになるために、何をすればいいの？」という幼い私の問いに、白い玉が教えてくれたのが次のような言葉です。

自分を愛して他人を愛します

優しさと笑顔をたやさず
人の悪口は決していいません
長所をほめるように努めます

この言葉は、「白光の誓い」として、私のお弟子さんたちにも最初に教えている言葉です。まずは、自分に優しくしてあげるの。毎日、仕事をし、家事をし、勉強している自分をほめてあげるんです。そして、自分の好きなことをいっぱいしてあげるんです。神の子である自分を愛するんです。そして、自分だけではなく、周りの人にも親切にする。誰にでも笑顔で接して、悪口を言ったり、イヤなことをしない。相手のいい所を見つけて、ほめてみる。簡単にはできないかもしれない。でも、「白光の誓い」を行う癖をつけておくことだね。

運気が上がらない、イヤなことが立て続けに起こる。そんなとき、自分の行動を顧みてごらん。キレイな行動をしていただろうか？

「白光の誓い」のようなキレイな行動は、神様のお手伝いをしているのと同じなんです。

そして、神様のお手伝いをしていくと、運は急速に向上していくんです。

どれか一つでいいから、勇気を出して行動に移すことです。一度に全部なんてできないから、一つ一つ、積み重ねていけばいいんです。

Q16

神様に守られるか、
守られないかによって、
人生は変わってきますか？
どのように変わっていくのでしょうか？

A

毎日の〝幸せ度〟が変わってくると思うよ。神様に愛されていると思っているほうが幸せだよ。

たとえば、買い物に行く途中、車が急に目の前に飛び出してきて、衝突寸前で事故を免れたとする。

「助かってよかった」「怪我がなくてよかった」って、運の良さを感じると思うんです。このとき、神様が守ってくれたと感じると、感謝する気持ちが生まれてくるよね。

神様が助けてくれると思うと、生き方が変わるんだよ。

Q17

神様に愛される「キレイな生き方」とは、
どのような生き方なのでしょうか？

A

前章でも話したと思うけど、「愛と華を持つこと」だね。

愛と華があれば、どの神様だって、放っておかないよ。神様だけじゃない、世間だって、注目して愛してくれるんだよ。

この「愛」とは、どういうものかっていうとね、愛を持って人や物事と接することなの。

人に親切にする、人をほめてあげる、小さな気遣いをする。それから、人の悪口を言わないこと、イヤな気分にさせないこと、そういうことを常にすることだよね。人に愛をふりまけば、自分にも返ってくるんだよ。

「華」っていうのは、明るさとキレイさのことだね。周りがどんなに暗くても、明るくいること。笑顔で、キラキラと華やかでいること。

「コロナ」禍において、暗いことを言う人、暗い顔している人が多いけど、こういう人に近づいてはいけないんです。

今こそ明るいことを言うべきなんです。「先は明るいよ」「なんとかなる」「大丈夫、うまくいくよ」ってね。もし、言えなかったとしても、こうやって明るいことを言う人と、いっしょにいるべきなんだよ。

それからね、自分が今、言っていること、やっていることに愛があって、華があるのか、考えながら人と接していくといいよ。

Q18

なかなか愛を出すことができません。
愛を出すためには、
何をすればいいのでしょうか?

A

愛は出すものなんかじゃないの。

人は、もともと愛そのものなんです。愛しかないから、愛しか出ないの。

もし、愛が表に現れないとしたら、いつも縛られているからなんだよね。もっと自分を愛することが大事なんです。束縛や縛りを取らなくちゃいけない。

自分を縛っている人は、自分だけでなく、ほかの人をも縛ってしまうんです。

人はもともと愛なんだから、自由にさせておけばいいんです。縛らず、自由にさせておけば、愛はあふれ出るものなんです。

「愛を出す」必要はない。人は生まれたときから「愛の塊」なんだからね。

Q19

自分を愛せないとき
どうすればいいのでしょうか？

A

自分を愛するためにはね、そのままのあなたでいることなんだ。ただね、「そのまま」ってのがわからない人もいるよね。

そうだな、これからは、自分をめいっぱいほめることだね。

一人さんなんか、自分をほめているだけで1日が終わっちゃうよ。それくらい、自分が大好きだし、愛しているんです。いいところだけじゃない、ダメなところもほめてあげるの。学校へ行かない自分も、宿題をやらない自分もね。一人さんは、こういう自分の意志の強さが大好きなんです（笑）。

いいところもダメなところも、神様がつけてくれた個性なんです。そんな自分も愛してあげるんだよ。たとえば、料理ができない自分を、恥ずかしいと思わないで、「こんなにできないんだな〜」と笑っちゃう。こんなふうに自分をゆるすと、下手な料理を怒る人がいなくなるの。

落ち度だらけの自分を責めないでいると、責めない人が集まってくるものなんです。

自分に甘くていいの。むしろ、甘すぎるくらい甘くていい。

自分を愛せない人は、自分をいっぱい、甘やかすことなんだよ。自分の欠点もほめる。自分の欠点も大好きになる。

これができれば、他人の欠点もゆるしてあげることができるようになるんです。

Q20

今まで、汚い生き方をしていたとしても、
これから「キレイな生き方」をすれば、
人生を変えることができるのでしょうか？

A

人間は変わることができるんです。いつでも、どんなときでも、人生を変えることはできるよ。

「キレイな生き方」をすれば、未来は明るくなる。必ず幸せになれるよ。

今ここで、「思い」を変えるんです。下りの電車から、上りの電車に乗り換えるだけ。そう考えると、難しいことじゃないよね。誰にでもできるよ。

Q21

中身だけでなく、
外見もキレイになる必要はありますか？
外見をキレイにする秘訣はありますか？

A

身だしなみは、自分のためであるけど、周りの人のためでもあるからね。見た目もキレイなほうがいいに決まっています。

明るい色の服を着て、キラキラのアクセサリーを付けてごらん。はなゑちゃん（弟子の舛岡はなゑさん）のように、いるだけで華やかな人になることだね。

こんなときこそ、明るい人が増えてほしいんです。世の中も暗い、人の装いも暗いじゃ、未来は明るくならないからね。

外見を変えるのって、性格を変えるより簡単なんです。今すぐできることだから、やってみることだよ。

髪型を変えるのでも、ブローチを付けるのでもいい。いつもは着ないフリルの付いた華やかな服を着てもいいし、本物でなくてもいいからゴールドのアクセサリーをいっぱい付けてみてもいいと思うよ。それから、顔のつやは大事だから、クリームを付けてつやつやにする。これなら、女性だけでなく、男性でもできるよね。
自分を明るく演出すれば、「思い」も明るくなるんです。明るい言葉をうまく言えないという人に、おすすめだよ。

外見が明るくなれば、自然と心もウキウキしてくるよ。明るいほうに心が向いてくるんだよ。

Q22

近年、「コロナ」、熱中症、水害などにおいて
日本では多くの人が亡くなりました。
そして、命の大切さを再確認しました。
一人さんは、死に対して
どのように思われていますか？

A

死は怖いようにできている。死を怖がらない人なんていないの。「死は怖くない」なんて言う人は少しおかしいと思っていい。

「死ぬのが怖い」という人は正常なんです。

輪廻って言葉があるけど、肉体はなくなっても魂は生き続けています。章の冒頭でも書いたけど、人は何度も何度も生まれ変わっているんだよね。これを知っていると、心が軽くなると思うよ。

生きている間は、「愛があって、華のある」生き方をすることだね。たとえ、「死ぬときは愛に満ちて、心地よいもの。怖がることはない」と言われても、怖いものは怖いんだよ。「天国はなんとも素晴らしいところで、生きているより幸せになれるよ」と言われても、できれば死にたくないと思うものなんだ。

でも、人は何度も生まれ変わるし、大好きな人とは何度も会える。
そう思うと、恐れの大きさが軽くなる。そうだね、1000の恐怖が100くらいに小さくなるんだよ。

何度も生まれ変わるから、いろんな人生があって、いろんな学びがあるんです。今世、借金ばかりする人は、お金の大切さを学んで、来世はお金に困らない人生を歩む。今世、病気ばかりしている人は、健康の重要性を学んで、来世は自分の体調を気遣う人になる。

つまり、人は「魂の成長のため」に、この世に生まれてくるんです。

困ったことやイヤなことが起きても、「魂の成長」と思えば、人は立ち直れるし、つらいことでも乗り越えられる。

今の状況だって、絶対乗り越えられる。大丈夫だよ。

Q23

若くても、
外から見たら順風満帆に見えても、
自ら命を絶つという
選択をする人が増えています。
自殺した人は、救われるのでしょうか？
また、残された家族はどういう思いで
いればいいのでしょうか？

A

世の中、どんどん良くなっているんだよ。昔に比べたら、自殺者は確実に少なくなっている。**未来はどんどん良くなっているの。**

「コロナ」禍の中、若い人たちの自殺者がクローズアップされているけど、これは特別なこと。

死んでしまった子に対して言えば、寿命なんだよ。死ぬ定めだったんです。また、いつかは天国で会えるからね。

悲しむのは仕方ないけれど、自分が壊れるほど悲しむことはないんです。縁がある人は、生まれ変わっても必ず近くにいるもの。そう信じることが大事です。

そして、周りの人は、その人の分も幸せに生きないとダメだよ。

くよくよ悩んでも、その人のためにはならないの。みんなが楽しくいることが大事だよ。特に家族はね。また、会えるんです。縁があるんだから、安心しな。

簡単に言うと、自殺した人は遊びが足りなかったんだ。周りの人は、そのことを悔やんでばかりいると、同じ気持ちになっちゃう。だからね、家族も周りの人も、生きているうちは楽しく遊ぶことだよ。楽しく生きるとは、自分のためであり、人のためでもあるの。

それから、外に出られないから、楽しくないわけじゃないよ。家でできる楽しいことを探してごらん。

「未来は明るい」と思えば、そういう知恵も出てくるんだよ。

人は地球に来るとき、学びにきたり、さまざま目的のために来る人もいるんだけど、それだけではない。実は、神様は「地球に行って楽しんでおいで」と送り出してくれているんです。

人生って、神様からの招待なんだよ。そのことを忘れないことだよ。

第3章

ここから経済を立て直す

令和2年、パンデミックの影響で、経済は大きな打撃を受けました。リーマンショックやバブルとは、また違った意味で損害を受けた人が多くいます。仕事が思うように進まず、先が見えず、悲観的になっている人、自暴自棄になっている人もいると思います。どうしても暗いほうを向いてしまいがちだと思うのですが、今こそ光を見てほしい。

前の章から言い続けるように、とにかく「未来は明るい」と思うことなのです。

そして、この星は「行動」しないと、前が開けない星なんです。一度沈んでもいいから、そのあとは、一歩前に踏み出すことだよね。

今、何もできずにいるのなら、うまくいっている人の真似をしてごらん。お店をやっているなら、うまくいっているお店のいいところを真似る。サラリーマンなら、業績を上げている人のやり方を真似る。

今のやり方でダメなら、何かやり方を変えていくこと。そして停滞しないで、行動することが大事なんです。

どんなものが売れるかって、この答えは簡単です。お客様が喜ぶサービスや商品を作ること。もちろん、自分の利益を度外視しちゃいけない。

仕事は「四方よし」と言ってね、自分の利益はもちろんだけど、お客様、取引先、そして世間の四方を喜ばせることで、ビジネスはうまくいくの。世間というのは、神様でもある。神様が喜ぶようなことをしたとき、仕事は成功を収めるようになっているんです。

ただね、がんばりすぎちゃダメだよ。いつも「仕事は6割でやりな」って言っているんだけど、苦しい、つらいと思って、仕事をすると悲壮感が出ちゃうんだよ。10割でやったものには、神様が応援する余地がないんだ。

楽しいと感じながら仕事ができたとき、神様が手助けしてくれるからね。

もちろん、こんな世の中で「楽しく仕事なんてできない」と言う人もいるだろう。それでも、楽しいことを探すの。「先は明るい」という思いを持つことなんです。

周りを見るとわかると思うけれど、誰もが一生懸命やっているんだよ。だから、それ以上無理をしてがんばらなくていい、立派じゃなくていい、真面目になる必要もない。

ただただ、「思い」を楽しくて、明るい方に持っていく。それだけでいいんだよ。

一人さんは、がんばる以外の方法があるって、みんなに伝えたいの。重い荷物をしょい込んだ肩から、荷物を下ろしてあげたいんです。

がんばって努力するのは、もう十分なの。それより、豊かな心でいるとか、人の幸せを願うとかが大事なんです。そして楽しみながら進む方が、成功するんだよ。そういう時代になったんだよ。

では、こうした考えを念頭において、パンデミックから経済を立て直すための「仕事」に関する質問に答えていきましょう。

Q24

経済の立て直しを図る最善の方法はありますか？

A

みんなを怖がらせるようなことはしないことだね。また、怖いものを見ないことだよ。

つまり、情報やデマに左右されない心を持つことです。悪い情報ばかりを気にすると、萎縮しちゃうんだよね。

日本は、世界の中でも重傷者も少ないし、死者も少ない。そういうところに着目すべきです。**そして、力を尽くしてくれている日本という国に感謝しようよ。日本の政府や医療関係者に感謝して、ほめてあげなくちゃいけない。**

そういう人から経済はよくなるよ。

批判ばかり言っていても、経済はよくならないんだよ。

Q25

「コロナ」のようなパンデミックに備えて、会社としてはこれから何を備えればよいのでしょうか？

A

心構えだね。パンデミックや災害に関係なく、愛があって華がある会社にすることだね。

社長も社員も、明るくてキレイな言葉を話すこと。そして、明るい笑顔を忘れないことだよ。そこから、良い波動が出るからね。

それからね、何があっても大丈夫なように、ある程度の資金は持っておくことだよ。そのために、会社をやっているなら、貯蓄はしておくべきです。

どんなときでも、明るさを心がける。これが何より重要だと思うよ。

Q26

入金が半減したり、給料がダウンしたり、
借金を抱えることになったり、
多くの人がお金に困っています。
これから、お金に愛されるために、
何をすればよいのでしょうか？

A

明るく生きること。暗くなったからって収入が増えるわけじゃないからね。明るいほうへ心の向きをもっていくの。

無駄金を使わないで、知恵を出すこと。そして、少しでも収入を増やして、借金返済に回す。「ほかにいい方法があるんじゃないか」と考えている間に、堅実にこれをやるべきだね。

それから、今は「なんとかなる」って言葉を口癖にしてごらん。どんな状況でも、「なんとかなる」って言っていれば、本当になんとかなるの。

「困った～困った～」「これじゃダメだ」なんて言葉に出していたら、なんとかなるものも困ったほうへ行ってしまうんだよ。今は、「なんとかなる」って、言葉に出すこと。これだけで波動が良くなって、仕事も前向きに進むことができるよ。

Q27

パンデミックを通して、
人の移動ができなくなった分、
ＡＩの導入、テレワーク、リモートなど
仕事のやり方が変わってきました。
これは、よい傾向なのでしょうか？
今後、さらに加速していくのでしょうか？

A

良いも悪いもなくてね、世の中って常に変化していくんだよ。その変化に遅れないこと、自分がついていくことだよね。

誰が何と言ったって、ＡＩの時代は来るんです。それを上手に使いこなすことだね。「コロナ」禍の中、使わざるをえない状況になっただけのこと。

歴史を見ても、そろばんだって、電子計算機だって、みんな努力して使いこなせるようになったんだ。ズームもリモートも、必要に迫られればやるようになるんだよ。

質問のように、もちろん新しい働き方は加速していくよ。だから、時代の変化には後れを取らないようにすることだよね。

その新しいシステムを使うことによって、幸せになるか、不幸になるかは、その人の使い方なんだよね。

Q28

今、どういう思いで仕事をすれば、成果が得られるのでしょうか？

A

キレイで、愛があって、華があるような仕事をすることだね。自分が楽しめて、人も楽しませる、そういう思いで仕事をしていくことだよ。

仕事に関して言えば、すべては心の問題なんだよ。豊かな気持ちでいると、豊かになっちゃうの。環境の問題なんかじゃないんだよ。「思い」なんだよね。

一人さんは高校も大学も行っていない、だけどその分早く社会に出られて得だって思うと、得なことが起こるんです。東大を卒業したほうが幸せになれるって思っている人は、東大を出たほうが幸せになれるの。これも「思い」なんだよね。

いいほうへ思いを変えると、不思議だと思うかもしれないけれど、現実もいいほうへ向かっていくんです。

もう30年以上前だけど、お弟子さんたちとホテルニューオータニの最上階でお酒を飲みながら、立ち並ぶビルを見せたの。

「持ち主のいないビルなんてないだろ？　あれだけのビルを持つ金持ちが、この世にはいっぱいいるって、わかるよね」

そう言って、〝豊かになるなんて難しいことじゃない〟ってことを伝えたんだ。豊かになれるっていう「思い」が大事なんです。今じゃ、私の言うことを素直に聞いた愛弟子さんは、すべて億万長者です（笑）。楽しいだろ？

何より気持ちが先なの。

普通の人は環境が先だと思っている。もし、環境が先なら、世界の偉人伝を読んでみな。みんな最悪の環境から、偉くなって、成功に上り詰めているんだよ。

そういう人は、「自分のうちが貧乏だからダメ」とは思っていないの。「貧乏だから豊かにならなくちゃいけない」と思っているんだよ。

明るい「思い」がチャンスを呼び込むんだよ。

脚本家がいたら、悲劇を作るか、喜劇を作るか、その人の「思い」が先なんだよ。

Q29

自分に自信を持てない人が増えています。
その理由について、
どのようにお考えでしょうか？

A

自分の中に神様がいるとわかっていないんだよね。自分をただの人間だと思っているんだよ。**人間っていうのは、自分の中に神様がいるから人間であって、そこに「自由意志」があるんだよね。**

本能で生きてるんじゃないの。自由意志で生きてるの。

渡り鳥って、本能のまま世界を渡っていくだろ？　人間は、自分の意志で行くところを選ぶことができるの。

ひまわりってさ、黄色い色の服しか着させてもらえないよね。花には自分の意志はないからね。でも、人間には、神様がつけてくれた「自由意志」がある。だから、ピンクでも紫でも、好きな色の服が着られる。人間だけが持っている特別なものなんです。

この「自由意志」をきちんと使うことだね。環境のせいにしちゃ、ダメなんです。

「自信を持てない人」は、失敗することを恐れているんだよね。人間は失敗することなんてできないんだよ。失敗なんてできないようになっているの。何やっても必ず成功しちゃうの。

それがわかると、夢を持てるようになってくるよ。

Q30

仕事において「夢」や「使命」を
見つける方法をご教示ください。

A

一人さんはね、毎日ドライブに行くのが楽しみなんだ。みんなでドライブに行き、定食屋でご飯を食べたり、ラーメン屋で食べたりね。それだけで毎日幸せなんだ。

夢も幸せも、人によって違うんだよね。

予約困難な有名な寿司屋に連れていってくれるという人がいるけど、一人さんは回転寿司がいいの。回ってるお寿司が好きなんだよ（笑）。

一人さんの贅沢は、自分が好きなことをすることなの。その人の幸せとは、違うんだよ。

「自分の好き」を探してみることだね。

夢っていうと、人の夢を自分の夢にしちゃう人がいるんだよ。親が弁護士になりなさいって言ったから、弁護士を目指しちゃうとか。おじいちゃんが医者だから医者にならなくちゃいけないとか。

人の期待を、自分の夢にする必要はないんです。夢はもっと、簡単でいいの。

毎日、ホッピーを飲みたいと思ったら、それが夢。はなゑちゃんのように、好きな服をいっぱい買いたいというなら、それも夢。そのために、楽しく働くことなんだよね。

自分に合った夢を探すことなんだよ。

贅沢したいなら、贅沢してもいいんだよ。だって、その分、お金が回るからね。欲は、神様がつけたものなんだ。もし、欲がなければ、素敵な服も、快適なクーラーも、携帯電話だってなかったはずだろ？欲があるから、人間は進歩しているんだからね。

稼いでいる人は、稼いだお金を好きなことに使っていいの。人の50倍稼いでる人が、1万円のバッグを50個持って歩くわけにはいかないだろ？　だから、50万円のシャネルのバッグがあるんだよね。贅沢なんかじゃないの、お金をうまく使っているだけなんです。個人個人に合わせて、経済を回すってことだよね。

「夢は何か」と考える前に、楽しいこと、ワクワクすることをやってみる。

それが、本当の夢になっていくんです。

Q31

これからの時代の「人間の働き方」において、
「一番大切な基本」とは何なのでしょうか？

A

ハートだな。心だよ。

21世紀は心の時代なんです。ＡＩでも、なんでも心を補佐するためにできてるんです。ＡＩを作ったのは人間じゃない、神様なんだよ。神のアイデアなんだよ。

神は進化するんだよ。私たちは、神の分御霊《わけみたま》なんです。商売をしても月日がたてば進化する、科学も進化するし、乗り物も進化する。永遠なる進化なんだよ。

一人さんも1冊目の本を書いてから、もう数えきれないほど本を書いてきたけれど、今書いているこの本はさらに進化してなくちゃいけないの。それが当たり前だと思っていると、苦労なんかしないですむ。

進化が大変だと思うから、進化に逆らったようなことをするんだよ。そうすると、世の中に置いていかれちゃうの。

進化が当然だと思うから、新しいアイデアが生まれてくるんです。

Q32

ＡＩに「任せる」ことによって、
これからの働き方は
変わっていくのでしょうか？
ＡＩには何を任せるのが
よいのでしょうか？

A

ＡＩに何を任せてもいいの。みんなが考えればいいんだよ。どう使うかは、できてから考えればいいんです。

ＡＩが導入されると、多くの人が職を失われるとか、仕事がなくなるとか言うけど、そんなことはない。大変なことなんて起きないの。便利になるし、人はラクになるだけ。

人類は、年々良くなるようになっている。〝生成発展〟し続けるからね。いつも発展しているんです。

一人さんは、「一寸先は光」「次はうまくいくから大丈夫」「どうでもいい、どっちでもいい、どうせうまくいくから」とか、こんな前向きな明るい言葉が大好きなの。

万が一「みんながもうダメだ」と言っても、一人さんだけは大丈夫だと思っている。ただ、全員が否定的な世の中ってありえないから、1%の可能性があれば大丈夫なの。

戦後、日本が焼け野原になったときに、ほとんどの人がもう日本はダメだって思っていたんだよね。でも、その中でこれからよくなるって考えた人もいたんだよ。「焼け野原には、家が建つ」「戦前のように、世の中すぐ戻る」って考えた人がいた。その人たちが、今の日本を作ったんです。

世の中は、進化して発展するようにできているからね。

「コロナ」禍の今でも同じこと。自粛して停滞しているように見えるけど、医療や技術は発展していくんです。それを信じない人がいる。

今こそ、「発展していく」と信じることだね。

100年前より今がいいし、200年前より今がいい。歴史を調べたら、どんどん良くなっていることがわかるだろ？

いいことばかり考えているとね、想像をはるかに超えた、すごくいいことが起きちゃうんだよ。神がやることは、理屈じゃないんだよ。

たとえば、一人さんが納税日本一になったのも神様のはからいなの。これを計画したわけじゃないんです。「何事もうまくいく」と思ってやってきたら、神が想像を遥かに超えた結果を与えてくれたの。

AIが発展しても、世間が不況でも、「コロナ」が来ても、関係ないの。「うまくいく」と思えば、うまくいく。

一人さんは世間じゃない。斎藤一人だからね（笑）。

Q33

一人さんは、「仕事は6割の力で十分」と
おっしゃいますが、真面目な人、
一生懸命な人は、自分にとっての
「6割」がわからない人もいます。
「6割のがんばり」を
どう見極めればよいのでしょうか？

A

普通の人は、満員電車で会社へ行くだけで6割使っちゃうんだよ。今のようなテレワークの時代は、家族のいるリビングでパソコン開くだけで6割使っちゃう。

まぁ、ひとりひとり6割っていう感覚は違うからね。100%、がんばると緊張が仕事に出ちゃう。もっとリラックスして、楽しんで仕事をしたほうがいいんだよ。

6割の力で、成功するためにはね、日ごろうんと楽しむことだよ。好きな映画を見るとか、ゲームをするとか、ダンスするとか、なんでもいいよ。友達や恋人とドライブするのもいい。

一つや二つじゃ、足りないよ。楽しみをいっぱい増やすことなんです。

自分の好きなことを楽しんでいると、心が解放される。そういうときに、神様って不思議と素晴らしいアイデアをくれるんだよね。

今まで一人さんが成功してきたのは、リラックスしたときにふと思いつく、ひらめきのおかげなんだ。お風呂とか、トイレとか、ドライブでの車中とか、突然ひらめいちゃうの。

神様のひらめきが欲しいなら、「楽しい」をいっぱい経験すること。難しいことじゃないよ。

Q34

上司とうまくやりたいのに、
なかなか打ち解けることができません。
こういうとき、
どう対処すればよいのでしょうか？

A

たとえば、社長とうまくいかないなら、することは簡単。誰かに相談しても答えは出ないの。

まず社長本人に「社長とうまくやりたいと思っているのですが、どうすればいいですか？」って聞けばいいだけ。直接聞けば、すぐに答えは出るだろ？ そのうえ、そう言われるだけで、社長は部下を可愛く思えるんだよね（笑）。

それから、上司だって人間だから、ほめてあげることも大事だよ。ゴマすりとかじゃないんだよ。喜ばせてあげればいいの。

ゴマすりと思われないためには、上司だけではなくて、掃除のおばさんも同僚も、部下も周りの人すべてをほめてあげればいいの。みんなをほめていれば、そういう人だと思われるだろ？

そのくらいの知恵は身につけるべきだね。

人をほめると、喜ばれるだけではない。ほめられた人は「また、あなたに会いたい」って思うようになるんだよ。

それから、ほめ方の話をいうとね、結果が出たから、ほめるんじゃないんだよ。賞をもらったとか、業績が上がったとか、受注したとか、そういうときだけほめてるからダメなの。

ただただ、今やってることを、ほめればいいんだよ。

「毎日、満員電車で会社に来てすごいね」とか、「コピーの取り方がキレイだね」とか、「君が入れると、お茶もおいしく感じるね」でいいの。

人をほめてごらん。不思議だけど、それだけで人間関係はうまくいくものなんだよ。

Q35

理想の上司とは
どのような人なのでしょうか？

A

これは一人さん流の考え方だけど、真面目な人と立派な人は、上司に向かないと思っている。だってこういう上司は、同じように、部下に真面目とがんばりを求めるだろ？ さらに、つまらない仕事でも、部下がやるのは当たり前だと思うだろ？

上司は、面白いことを考えることが大事なんです。

仕事が楽しいと思ってもらえるようなことを考えたり、前向きな話をしたり、面白い仕事を作ったり。

さらに、いいことがあったら、「よかったね」って、言ってあげられる。そういうリーダーだったら誰でもついていこうと思うよね。思いやりがあって、ほめてくれて、豊かな気持ちの人だね。

愛があって、豊かな気持ちを持っていると、人にいい豊かさをわけてあげられるんです。

それとね、部下は、不平不満を言っちゃダメだよ。なぜかって？不満ばかり言っていると、会社に嫌われるんだよ。

たとえば、一人さんは、女性にモテるのが好きなの（笑）。そのうえ、女性を追っかけるんじゃなくて、追っかけられるのが好きなの。だから、好かれるような男になろうと思うわけ。女性は、基本的に愚痴や泣き言を言っている男は好きじゃないんです。だから、愚痴や泣き言は絶対言わない。モテないからね。

仕事も同じ。会社や社長に好かれるのは、不平や不満を言わないこと。そして、伝えたい事があったら、早めに伝えること。そうすれば、人間関係がスムーズに行くんです。

一人さんへ「コロナ」禍を乗り切るためのリアルお悩み相談

「コロナ」禍において、
今までとは違う悩み、
今まで以上の悩みを
多くの人が抱えています。
ファンのリアルなお悩みに
一人さんが答えます。

Q1

主人が転職してから、私も働く必要が出てきて、仕事に行っています。しかし、勤めていたお店が閉店してしまったり、体調を崩したりして、どうしても長く勤めることができません。「コロナ」禍の中、なんとか仕事をして家計を助け、豊かに楽しく生きていきたいのですが、どうすれば、良き仕事に出合えるのでしょうか？

Ａ あなたが「未来は明るいと信じる」ことだね。今まで「未来は明るい」と信じていなかったんだよね。だから、悪い方向へ行ってしまったんだと、私は思うよ。

未来が明るいと思う人は、仕事の面接も受かりやすいものです。よく考えてごらん。経営者だって明るい人を雇いたいからね。暗い思いは、姿かたちに現れるものなんです。明るい波動を出していれば、明るい波動の経営者に巡り会えるもの。

それからね、質問を見ているとね、「私の苦労を聞いてください」っていうふうに聞こえるの。あなたの苦労を人に聞かせちゃダメだよ。あなたの楽しいことを聞かせてください。

Q2

家の購入を検討しています。新築戸建て、中古戸建て、新築マンション、中古マンショ

ン……。通勤しやすく、子どもの学校も通いやすい場所を探しているのですが、不動産屋さんに問い合わせると、ことごとく購入の申し込みが先に入っています。これは、「買うな」というサインなのでしょうか？　どうすれば、快適な住まいにたどり着けるのでしょうか？

A

いいかい、どんな家に住んでいようが、幸せな人は幸せなんだよ。戸建てだろうが、マンションだろうが、関係ないの。今、購入できないなら、これからもっといい家が見つかると思えばいいんだよ。

それから、商売的な話をするとね、不動産屋には、「おとり」っていうのがあるの。みんなが飛びつくようないい物件を見せて、「もう契約が済みました」って断る客寄せの方法だね。そういうのに引っかからなくてよかったって思うことだね。

「もっと理想的な住まいに出合える」と思えば、そうなるからね。安心していいよ。

Q3

いつの頃からか、今まで楽しいと思っていたことが、できなくなりました。友達とご飯を食べに行くことが決まると、行くまで下痢になったり、行きたくない気持ちが大きくなります。家族旅行も予約すると行くまで落ち着かないですし、仲間と出かける予定が決まると、体調が悪くなったらどうしようとばかり考えて、イライラしてしまうこともあります。行けば楽しかったりもするのですが、終わると安心する気持ちになります。これって楽しいのかな、と思ったりします。どうしたら楽しい気持ちを取り戻すことができるのでしょうか？

A たぶんあなたは、最初からいっしょに行く友達や仲間が嫌いなんだよ。だから、行きたくないというサインが出るんじゃないかな？　どこへ行くにも、気が乗らないのは、あなたが「未来は明るい」と思っていないからなんだ。これからワクワクすることが起こるって思って、出かけてごらん。そうすれば、楽しい友達や仲間が増えるからね。

Q4

私は職場のある同僚に無視されています。それが今では、ほぼほぼ全員に口をきいてもらえません。でも、仕事は辞めたくありません。ときどき話かけてくれる人もいますが、その同僚に気を遣っているのがわかります。今まで生きてきた中で一番しんどいです。家族は本当にみんな仲良く、楽しく暮らしています。一人さん、アドバイスをお願いします。

A

一番いい解決方法は、無視している同僚に向かって、「無視してんじゃねぇよ」って言ってやることだね（笑）。

そういう人は、ほかの人にも無視したり、嫌がらせをしたりしているんだから。一発ガツンと言ってやれば、あなたは正義の味方になるんだよ。びくびくする必要はない、クビになんてならないよ。イヤなことはイヤだとはっきり言っていいんです。

みんな波風立てないで解決しようと思っているけど、波風立てなくちゃ解決しない。売られた喧嘩は、買わなきゃいけない。これが一人さん流。穏便に済まそうとしても、解決しないよ。

何よりまずは自分を大切にして、味方してあげること。我慢しちゃいけないよ。

Q5

私の娘一家は仕事の関係で中国在住です。春節で帰国後「コロナ」が蔓延し、娘婿のみ中国に帰り、娘と孫2人は婿の実家の愛媛で暮らしていました。私は愛媛を訪れ、孫たちといっしょに過ごすことができ、とても幸せでした。このままずっと日本にいてほしい、と思うようになりました。しかし、娘は中国での仕事もあり、中国に帰ってしまいました。「コロナ」のせいで、もう二度と娘一家には会えなくなるんじゃないか。不安と心配で頭がいっぱいです。この不安と心配を解消する方法を教えて下さい。

Ⓐ あなたの未来も明るいし、お孫さんの未来も明るいの。心配なんて、しなくていいよ。日本人は心配を愛だと思っているから、ダメなんだよ。娘さんやお孫さんのためにも、あなた自身が明るい波動を出すこと。未来を明るく捉えることなの。

中国は、日本より「コロナ」の終息が早いみたいだしね。あなたが健康に気をつけて、ダンスするとか、絵画教室に通うとか好きなことを楽しんだほうがいい。みんな安心するよ。

Q6

50歳で一人さんを知り、日々学ばせていただいています。神様は犠牲を嫌うと教えていただいて、その通りだとよくわかりました。

今まで弱者を助けたくて、パート先の上層部に掛け合い、業務が改善されたことが多くありましたが、やっつけると恨まれるというのも実感しました。最初は「愛と光と忍耐」で接していましたが、状況が変わらなかったので逆パターンを試みて改善されたので、傷つけてしまった人もいます。自分も含め誰も犠牲にならない方法があれば、教えていただけますか？

A 自分も人も犠牲にならずに解決するなんて、そんな方法は知りません（笑）。何かをやれば波風が立つのは当たり前なの。そんなことを恐れてたら、何もできないよ。あなたは、愛を持って、行動しているんだから、よくやってたと思うよ。

少しくらい傷ついても、言いたいことは言ったほうがいい……これが一人さん流の考え方なの。遠回しに言っても通じない。はっきり伝えることです。モヤモヤは何かのお知らせなんです。モヤモヤを晴らすために勇気を出したことを、誇りに思うべきだよ。

Q7

命、お金、時間、多くのものを奪った「コロナ」ですが、憎いと思ってはいけないですか？　憎まないほうが幸せなのでしょうか？

A 一人さんは、憎まないほうがいいと思っている。

だけど、憎みたい人はしかたないよね。身内を亡くした人もいるんだからね。湧き上がる気持ちはしかたない。ただ、人に当たったり、自暴自棄になるのはよくないよね。

一人さんは、この「コロナ」禍の中で、どうすれば幸せになれるかを考えているの。一人さんにこの質問をすれば、そういう答えしか出てこないね。

憎まずに恨まずに、この中で光を見つけられれば、幸せの道へ行けるんだよ。

Q8

現在57歳、タクシー乗務員をしています。5年前までは新聞販売店を経営していました。タクシー乗務員の仕事が「コロナ」の影響で大変厳しく、今後も明るい見通しが立たないため、以前から興味があった、高齢者に弁当を配達するフランチャイズの会社で、一年間の修業後に0円で独立支援してもらえる制度を使い、独立を考えています。しかし、現在会社に借金があり、辞められません。楽しく仕事ができるのは弁当屋さんの方。年齢のこともあり、迷っています。アドバイスをいただけたら幸いです。

A

「どうでもいい　どっちでもいい　どうせうまくいくから」

これは一人さんが好きな一人さんの言葉ですが、あなたが好きな道に行くといいよ。

ただし、借金を残したままにするなど、人の迷惑にはならないように注意してください。

Q9

一人さんの教えを実践している中で、奇跡的な体験をしたり、お金にも豊かになってい

る人の体験を聞くと、自分には、そんな奇跡的なことが起きていないと感じます。何も起きていない場合は、我の強さが影響しているのでしょうか？

A

「一人さんの言うことをやっているけど、うまくいかない」っていうのは、一番困る質問なんだ。

うまくいかなくて、困っているなら、一人さんの言うことをやめてみてください。イヤならやめていいの。あなたが「一人さんの教え」を本当に実践しているか、見張っているわけじゃないのでわからないけど、うまくいかないのは、我の問題じゃないんだよ。

一人さんを信じてくれているなら、まずは「未来を明るい」と捉えてごらん。そこから、もう一度行動してみてください。

Q10

「コロナ」禍の前に家を建てる計画が進んでいましたが、いざローンの審査になると、息子が名前を先輩に貸していて、多額の借り入れをしていることがわかりました。「コロナ」禍もあるのか、先輩は仕事ができないという理由でお金は戻らず、もちろん家の話は滞り、息子は多額の借金を抱えることに。私たち親がお金を貯めていなくて、息子に頼っていた

のが一番の原因ですが……。どういう心持ちで過ごしたらいいか、お言葉をいただければ幸いです。

A 家が建てられなくても、息子に借金があっても、それでも、「これからはいいことがある」と考えることだよ。どんなことがあっても、光を見ることだよね。

そして、このことでよかったことを考えるの。息子に借金があったことが今わかっただけで、良かったよね。わからないままでいたら、大変なことになったかもしれない。

困ったことが起きるということは、そこから何かを学びなさいという神様のお知らせなんです。「無理に家を買わないほうがいい」ということかもしれないし、「この機会にコツコツ貯金をしてお金を貯めなさい」ということかもしれない。「もっと息子とコミュニケーションをとるべき」という学びかもしれないよね。

いずれにせよ、家族が健康でいるだけで良かったよね。今、家族が元気でいるのなら、「未来は明るい」んです。「未来は暗い」と思って沈んだ気持ちでいても、借金は減らないよ。

Q11

一人さんの本を読んでファンになりました。しかし、実際にお会いしたり、お顔を拝見したりしたことはありません。一人さんと直接会ってお話をされた方の話を聞くと、実在するんだ！と思うと同時に、いいな～とうらやましく思います。私のような一人さんに実際に会ったことがない人に一言お願いいたします。

A

一人さんと会っても会わなくても、関係ないの。考え方が大事なの。一人さんの姿かたちではなく、一人さん流の教えが大事なんです。

私と会ったことがあったとしても、「未来を暗い」と考える人もいるし、私と会わなくても立派に成功している人もいる。会う、会わないじゃないんです。一人さんだって、いつかは死ぬからね。だけど、一人さんの教えは、死なないんです。100年だって、2000年だって、世紀を超えて2000年だって残るからね。大丈夫だよ。

Q12

「コロナ」で地域活動が自粛されたので、高齢者の介護予防体操やお茶飲み会など、交流する機会がなくなってしまい、心なしか元気のない高齢者が増えているような気がします。オンラインでの対応が難しい高齢者が、地域でほかの人々と触れ合い楽しく過ごせる方法など何かお知恵をいただけましたらうれしいです。

Ａ　あなたが心配しているならば、あなたが答えを出してごらん。これは冷たくて言っているんじゃないんだよ。あなたでしか解決できない問題だからね。
人の役に立つために、考えることだからね、周りの人が協力してくれると思うよ。もちろん、神様だって手助けしてくれます。「素敵な未来が待っている」と思っていたら、ワクワクするようないろんな知恵が出てくるからね。

Q13

「コロナ」禍により、家でテレワークになりました。常に家にいるため、子どもに対して、いつも以上にイライラしてしまいます。最近は声を荒らげてしまうことも。そんな自分がイヤになります。イライラしなくなる方法があればぜひ教えていただきたいです。

Ａ　子どもに対してイライラしている人って、自分の人生を生きていないんだよ。ここだけの話、彼氏とか彼女を作ると、イライラしなくなるんだけどね（笑）。これはジョークとして、あなたが好きなことをもっとしてみることです。今こそ、自分の人生を生きることです。真面目に生き過ぎないことなんだよ。
また、子どもたちにも自由にさせてあげること。ありのままに生きているからね。それを否定しないことが大事だよ。

Q14

入院中順調に回復していた79歳の父ですが、「コロナ」禍の中で面会できないうちに、1カ月もたたないのに話せなくなり、食べられなくなり、寝たきりになりました。そんなことってありますか!? 話せなくなった人というのは心を閉ざしたい何かがあるのでしょうか? 入院の半年前に実家を出るなど、父とはうまくいってなかったので気になります。今は実家に戻り在宅看護をしています。こうなって初めて父といる時間が愛おしく、ありがたいです。

A

お父さんを愛おしく思えるようになって、本当に良かった。益々、未来は明るくなるよ。

病気は困ったことではないんです。何かを教えてくれるものです。きっと、愛を教えてくれているんだと思うよ。

お父さんと話がしたいなら、「お父さんと話したい」と伝えることだよ。話せなくても、思いは通じるものだからね。言葉に出して、お父さんの目を見て、言ってあげてください。

Q15

82歳の母のことでご相談です。去年の夏に父が病で倒れ、闘病と介護の生活になりました。「コロナ」勃発と同時に父はベッド生活になりましたが、足の悪い母に父の介護が難しいと判断したので同居することにしました。母は昔から私に躾《しつけ》という名目で、干渉をしてくる人でした。しかも、愚痴や心配事や文句が多い人です。いつも暗い顔をしている母に元気に挨拶しても通じません。やはり別居した方がいいのでしょうか？

Ⓐ あなたは、お母さんが好きじゃないんだよね。文面からもありありとうかがえるよ。小さいころ、楽しい言葉、愛のある言葉をかけてもらえなかったんだね。別居するか、このまま暮らすかは、自分で決めてください。答えを出せるのは、あなただけです。何かワクワクできることをして、人生を楽しんでほしい。それが一人さんの願いです。

Q16

僕は、ギャンブルやアルコール、タバコや買い物依存で10年以上貧乏漬けになっています。今まで改善しようと努力してきましたが、結局、自分に都合よく解釈してしまったり、虚言癖があったりして、何度も挫折してきました。

克服して、まともな人間になるにはどうしたらよいでしょうか？ 脳に効くサプリ飲ん

だり、運動したり、考え方を変えたりしないと治らないということは、重々わかっているのですが……。もっと具体的な方法がありましたら教えていただけませんでしょうか？

A 私に言えることは、「先は明るいよ」ということだけ。そこから、始めることだね。サプリや運動もいいと思うよ。あなたが思うことをやればいいんです。もっと素晴らしい解決方法があるなら、ほかの人の意見を聞いてごらん。

そして、ギャンブルは決して儲からないと、知ることだよ。どんなに凄腕のパチプロも、パチンコ屋ほど儲からないし、競輪で稼いでいると豪語している人でも、競輪場の経営者よりは稼げない。そこへお金をつぎ込むなんて、一人さんとしては、考えられないよ。

それからね、お酒にしろ、薬にしろ、ギャンブルにしろ、依存症って〝むなしい〟という気持ちが引き起こすの。なぜむなしいかというと、「先は明るい」と捉えられないからなんだよね。

あなたが「未来は明るい」と思えるようになったら、今のまま、そのままで大丈夫だよ。

Q17

看護師をしています。「コロナ」感染者の対応ではありませんが、いつ自分が感染するか、常におびえながら仕事をしています。私生活でも気持ちに余裕がありません。こういう気持ちで、病気の人に接していいのでしょうか？

Ⓐ 恐れていいんだと思います。逆に恐れていたほうがいいよ。医療従事者が感染したら、大変なことになるからね。

それと、「コロナ」にかかって、頭を下げて謝っている人がいるけど、それは違うよ。誰にでも病気になる可能性があるんだよ。犯罪者じゃないんだよ。かかったら、治せばいいの。

医療従事者の中にも、明るく使命感を感じながら、終息のために力を注いでいる人がいっぱいいます。一人さんの仲間にも、看護師さんは多くてね。その中のひとりは、「患者さんに今以上の不安を与えないよう、愛を持って対応しています。私の明るさで、周りのみんなを明るくしたい。本当にやりがいのある仕事です」と、伝えてくれたよ。悲観的なことばかり言わないで、そういう看護師さんがいることを忘れないことだよね。

Q18

私は18年間保険の営業をしています。今、他社の商品に魅了され、その会社へ転職するか、これまでお世話になった今の会社に留まるかで悩んでいます。感謝する心を学び、大好きな仲間と共に最高の環境の中ですごく幸せです。でも、お客様にとって、さらに良い商品は別にあり、勧められずに罪悪感もあります。他社の商品にお客様の幸せが見えますが、素晴らしい仲間を裏切りたくない。どうしたら良いですか？

A

今の会社でも、ほかの会社でも、どっちの会社にいても大丈夫だよ。どっちで仕事をしても成功するよ。一人さんがそう言うんだから、信じてごらん。

簡単に言うと、あなたは世間に左右されていると思うの。一人さんは、世間から世界まで、自分の思考が影響していると思っている。だから「未来は明るい」と思っている人には、明るい未来が来るの。

よくそう言っていると、「やっているのにうまくいかない」っている人もいるんだよ。いいかい、今は良いことが起きないとしても「未来は明るい」の。

ちょっとのことで、すぐに考え方を変えちゃダメだよ。

Q19

自分の大切な人に関しての相談です。彼女は昔から霊が見えるそうで、いつも苦しんでいます。自分には霊が見えないので、なんとかしてあげたいのですが、現状何もできなくて困っています。先日、「私、霊に憑依《ひょうい》されて無意識にビルから飛び降りるかもしれない」と言っていたので、僕も心配になっています。この先、どのくらいの距離感でその人と接していけば良いのでしょうか？

Ⓐ まずは、あなたが「未来は明るい」と考えること。そして、その女の子の未来も、憑依した霊の未来も明るいの。すべてを明るく捉えるしか、生きようがないの。

彼女にも「未来は明るい」って伝えてあげるんです。彼女が未来を明るく考えていけば、浮遊霊も逃げていくよ。

ひとつ、大事なことを言うと、「人生が楽しいと思っている人に、霊なんてとりつかない」。朝になったら、闇は消えて朝日が出るの。闇を消す努力なんていらないんだよ。

Q20

「コロナ」禍により、開業2年目のイタリアンのお店は大きな損害にあっています。自分の店が持てて順調にきたのに、何度も自粛になり苦しい状態が続いています。このまま続

けても借金が膨らむばかりのような気がします。早めに撤退したほうがいいのでしょうか？

A

これは自分で決めることだね。もうこれ以上できないなら、早めに撤退したほうがいいし、まだがんばりたいというなら、やってごらん。

いずれにしても、自分の人生だから、自己責任なんだよ。一人さんでは決められないよね。どうすべきかは、本人が一番わかっているんだよ。

それから、今言っても遅いとは思うけど、儲けているときにコツコツ貯蓄はしておくべきです。備えがあれば、次に進むことができるからね。商売をしているなら、何かが起きたときのための金銭的な蓄えは、必要だよ。

テイクアウト中心にするとか、人件費を削るとか、テラス席を作るとか、経費をかけないでできる色々なアイデアを出して、行動してごらん。それがダメなら、違う未来を描くことです。ウキウキできるような楽しい未来をね。

Q21

私自身は「コロナ」の世の中にならかったらできなかった経験がたくさんあり、むしろスキルアップさえしました。周りを見るとがんばって踏ん張った人とそうではない人、前

進と後退で数倍の差が出てきたように思います。
そこで質問です。これから先、「コロナ」のときにがんばった人達と進んで良いのか、なかなか前に進めない方も引っ張って進んだ方が良いのか？　価値観すら差が出たように感じて戸惑っています。ぜひ、良い方法をお教えください。

Ⓐ そんなに細かい価値観なんてどうでもいいんだよ。「未来は明るい」と思えるかどうかだよ。今、がんばっている人も、がんばっていない人もお互い未来は明るいんです。
「先は暗い」って思っている人の人生は変わらないけどね、「先は明るい」と思えるあなたの人生は明るくなるんだよ。

Q22

大学1年生ですが、「コロナ」禍のため、学校へ行くことができません。リモートで授業をしていても仲間ができず、寂しい日々です。せっかく受験勉強をして行きたい大学に入学したのに、このまま、つまらない大学生活を送る気がして不安でなりません。どのように、思いを持っていけばいいのでしょうか？

A 一人さんは、「コロナ」禍においても、仲間もいたし、自分一人でも楽しめるから、寂しいなんて感じたこともなかったからね。こういう人って、もともと寂しいんだよね。それに、一人さんは学校が大嫌いだったから、学校へ行かないなんてラッキーと思っていたと思うよ。あんなつまらないところへ行きたくもないからね（笑）。

つまらない人は、どんな状況でもつまらないんだよね。「これからは楽しいことしか起こらない」って、思ってみたらどうだい？ 自分を見直すチャンスだと思うよ。

Q23

一人さんは、今までも「21世紀から波動が変わるよ」と話されていましたが、どのように変わっていっているか、私たちがわかる方法はありますか？
また、どのようなことに気を付けていけば良いのかを教えていただければと思います。

A 思っていることが現実になりやすくなる。それが21世紀なの。「いい未来がやってくる」と思っている人には素晴らしい未来が来るの。「暗い」と思っている人には、暗い未来が来るんだよ。

過去を振り返ってごらん。江戸時代はクーラーなんてなかったし、明治時代はテレビだって携帯電話だって使えなかった。どんどん、暮らしやすく快適になっているんだよ。

さらに、21世紀以前は、抑圧の時代だった。思っていても現実になりにくかったんだよ。

今こそ、「素敵な未来がやってくる」と思ってごらん。必ず、素敵な未来がやってくる。

今は、そういう時代なんです。

Q24

「コロナ」の影響で自殺する人が増えてると聞き、私は一人さんの「自殺すると天国へ行けないよ」という言葉を知って踏みとどまることがありますが、それでも普段ひとりでいると前向きになれないときがあり、不安になります。また、このままの自分でいいのかな？と焦り、精神的にブレてしまう弱い自分がいることに気付きます。その度に一人さんの本を読むのですが、もっと強く逞しい自分でいるために必要な考え方は何なのでしょうか。

A

「未来は明るい」と考えることなの！

もう一度だけ言うよ、「未来は明るい」と考えるの！

二度や三度も愚痴や泣き言を聞きたくはないんだよ。みんな忙しいの。一人さんだって、大変なことは山ほどある。それでも、人のために力を尽くしているんです。

あなただって、もし近くに「これから死にたい」と言う人がいたら、「死んだら天国へ行けないからやめなよ」と止める方法を教えるよね。

みんな一生懸命生きているんです。それでも、人のことをかまっているんです。人のために動いています。それなのに、何度も何度も、人にかまってもらおうとしちゃいけないよ。

「未来は明るい」と一人さんに教えられたら、「未来は明るい」「未来は明るい」と1000回でも1万回でも言うの。言霊の力を借りるんです。「思い」があなたの人生を変えるんだよ。

Q25

姉が小学5年生、私が2年生のとき、出て行った母。父の優しさで、長期の休みには毎年会ってはいたけれど、子どもの頃から、子どもを置いて行く母を理解できず、でも、母と言う存在がいつも欲しかった。そんな母が、アルツハイマーになり、さらに乳がんで手術、入院が決まり……。今後、どのように向き合っていけばいいのかわかりません。

父が、脳梗塞で倒れたとき、親孝行したかったと後悔したので、母のことでも後悔はしたくない。ですが、なぜ私ばかりが……という思いもあります。

親を面倒見ようと、施設へ預けようと関係なく、あなたのこれからは明るいの。明るいと考えだした時点で、あかりが灯るからね。今どんなに暗くても、明るくなると思うことだよ。暗いからあかりをつけるの。夜に家について、最初に電気をつけるだろ？　心も同じだよ。暗い心には、最初にあかりをつけることから始めるの。

闇から逃れる方法は、光しかないんです。難しいことはないよ、電気をつけるだけなんだから。「一寸先は光」と言って、心のあかりを灯すんです。

そして、親ではなく、まずはあなたが幸せになることだよ。遊びに行ったり、趣味を見つけたり、好きな人と過ごしたり、人生を楽しむことです。

文面を見ると、すごく真面目な人だよね。真面目な人って自分を縛っちゃうんだよ。自分のまま、ありのままに生きてごらん。明るく、自由に、ね。

Q26

現在45歳、男性です。12年続けた個人経営者から会社員に転職しました。今後さらに転職、あるいはもう一度商売を始めるという選択も考えています。令和という新しい時代に、「まるかん」さんのように繁栄し続ける会社と、そうでない会社の違いとは具体的に何なのでしょうか？　また、今後も成長していく会社や仕事かどうかを見抜く基準や方法、眼力についてお教えいただけますか？

A　よく強気になって、「今が勝負どきだ」って言って、がんばっちゃう人がいるよね。多額の借金をして、勝負をかけちゃう人がさ。そんな必要ないんだよ。

一人さんはね、いつもいつも恵まれているから、「今が勝負だ」なんてときはないの。今だけ光が差しているのではなく、毎日毎日光が差しているんだよ。いつもいつもツイてるし、日々幸せなんだよ。

いいかい、この本では、その考え方を教えているんだよ。私はワクワクするような明るい未来を信じてる。だから、成功し続けているんです。

イヤなこととか、イヤな人が出てこないんですかって聞かれるけどね、一人さんの周りにはいい人しかいないの。楽しい仲間だけで、楽しく仕事をしているんです。もしイヤな奴が出てきたら、ガツンとやっちゃうし（笑）。イヤな奴のほうが、逃げていってくれるんだよ。

「未来は明るい」という波動を出しな。今の時代、それが成功の秘訣です。

Q27

「コロナ」禍によって、大きな損害を受けた人、さほど影響のない人、そして得をした人もいます。仕事柄、私は得をした職業です。このような立場で、大きな損害を受けた人にどう寄り添えばいいでしょうか？　得をした場合も、素直に喜ぶわけにはいかず、後ろめたい思いがします。どういう方法で、この後ろめたい気持ちを解消すれば良いでしょうか？

Ⓐ 後ろめたいなんて考えなくていいよ。儲けることは悪いことじゃないしね。儲かっているなら、そのお金で経済を活性化させればいいんだよ。飲食店で、贅沢な食事をしたり、ブランド物を買ってもいい。知り合いのお店で、お金を落とすことも大事だよ。そして、きちんと正当な税金を払うことです。

それとね、飛びぬけて運が良くなると、運が悪い人なんて近くにいなくなるんだよ。一人さんの周りには、「運が悪い」「ツイてない」なんて言っている人は、ほとんどいないからね。周りに不幸な人がいない、そんな「絶対的に運のいい人」になることだね。自分の世界を明るい世界へもっていく。これが一人さんの世界なんだよ。

Q28

社会人2年生です。社会に出たのに「コロナ」により外で遊べない、飲みに行けない……我慢ばかりしているように思えます。会社も不況で、上司に怒られてばかりです。こうした中で、若い私たちが楽しむには何をすれば良いのでしょうか？　今こそ、やるべき楽しみ方を教えてください。

A　ルールさえ守れば、外で遊べるようになる。そして男性なら彼女をつくる、女性なら彼氏をつくることだね。

ほかにも、家でできることはたくさんあります。興味のある分野について勉強してもいいし、資格を取ることもできる。好きな映画をまとめて見たり、物づくりを極めても楽しいよね。自分を磨いて、見た目を変えることだってできる。ひとりの時間を充実させてごらん。終息したときには、明るい未来が待っているから。

Q29

「コロナ」禍といわれていますが、私にとっては「コロナ」のおかげで、本当にありがたいことがたくさん起こりました。まさに、天からのギフトでした。「コロナ」禍だからといって、倒産したりダメになっている会社がある一方で、逆に工夫して売り上げを伸ばした会社もある。これが、一人さんがおっしゃる二極化なんだな～と思いました。こうした

気付きが今の人類には必要だったから「コロナ」は起こったのでしょうか。私たちは、ここから何に気付いて、活かしていったら良いですか？

A

このコロナも「先は明るい」と思わせるための修行だと私は思っているの。すぐ先を暗いと考える人は、悲観してしまう思考回路があるんだよ。暗い思いを持っていると、暗いほうへ仕事も進んでいくの。明るく考えたら、明るいほうに行くんだよ。だから、明るく考える〝努力〟ってものが必要なんだよ。

たとえばね、一人さんは、学校へ行きたくないから、小学校も中学校もまともに行かなかった。勉強も嫌いだったしね。学校へ行っていない、それでダメだと考えたら、俺の人生終わりなんだよ。先は明るい、必ず成功するって、常に考えてたの。

一人さんがね、よその子と違うのは、暗く引きこもってなんかいなかったこと。仲間もたくさんいたし、やることはいっぱいあった。最近の登校拒否児ってさ、親も暗けりゃ、子も暗いんだよ。行きたくないところへ行かないんだから、笑顔でいてくれよ。俺なんか、毎日ニコニコしてたよ。嫌いな学校へ行かなくて、好きなことして遊んでいるんだから、人の百倍楽しかったよね。

楽しい波動の人が成功するのは、決まっているんだよ。仕事でも人生でも、楽しい波動を出さなきゃ、うまくいかないよ。

Q30

新入社員で、まだ社会のことを知りません。業務を覚えることはもちろんですが、それだけではない気がします。どんな態度だと、いい社員になれるのでしょうか？

Ａ

一人さんは、笑顔だと思っている。自分の会社のことしかわからないけど、いい笑顔があれば、どんな人にも受け入れられるからね。

うちの会社は、金髪の社長とか、コスプレをした社員とか、いっぱいいるの（笑）。職場が楽しいんだよ。職場で楽しいことをしているから、お客様に楽しいことを提供できるんです。

あなたはあなたなりに、その会社で楽しくできることを考えるといいよ。

いい社員になろうと思っている時点で、すごい社員なんだから、大丈夫だよ。

作り方とは〜

◉何があっても「未来は明るい」と信じる

◉明るい言葉、キレイな言葉を話す

◉今ある状況に感謝する

◉一度、「なんとかなる」と思う

◉困難から何を学ぶかを考える

〜明るい未来の

◉神様が喜ぶような「キレイな生き方」をする

◉ワクワク楽しいことをして、
神様からのひらめきをいただく

◉波動のいい師匠を見つけて、真似をする

◉師匠から教わった良い話を仲間と共有する

◉自分を思いっきり愛してあげる

CDを お聞きになる 前に

付録のCDは、『一日一語』(2018年発売)の取材用音声です。ここでは、一人さんの名言から100語を選び、その言葉の意味を詳しくお話いただいています。名言は、お弟子さんの舛岡はなゑ先生に読んでいただきました。

あえて編集は行っておりません。その時の雰囲気を味わいながら、一人さんの「生の音声」をお楽しみください。

1

人間は、ひとりひとり
とんでもない才能があるんだけど、
みんなそのことを知らないで生きている

2

たいがいの人は自分を「神の子」とは知らない

3

私は「愛と光と忍耐」です

4

人は人によって幸せになるんだ

5

ホントの自分で生きると幸せ
ホントの自分で生きないと自殺しているのと同じ

6
人は、やり残したことがあるから生まれるんだ

7
人生で一番大切なのは「今、ここ」をどう生きるか

8
体の悪いときはね
「気」を離して「病」だけにしちゃえば、たいがい治るんだよ

9
マイナスの「地獄言葉」を言うより「天国言葉」のほうがいい

10
潜在意識のさらに奥にある超意識（真我）に
願いごとを届けるには潜在意識の中が満ちるほど
願いごとでいっぱいにしなければならない

11
成功とは楽しさの連続

12
願うと、道が見えてくる
正しい道が見えてきてそれに対して行いを変えて
はじめて願いが叶う

13
脳にはコンピュータを凌駕《りょうが》するものスゴい力がある
自分の思っていることを引き寄せる力を持っている

14
すべての仕事は例外なく
お金儲けである

15
棒ほど願って、針ほど叶う

16
来世にやりたいことは、今できる

17
「いつか」と言っている人間はたいがい、ずっとやらない

18
何かをやるときは
「自分ひとりでやる！」というほうがうまくいく

19
大木になりたければまずちっちゃな芽を出す

20
人間らしく生きてごらん
そしたら必ず、夢も出てくる、やりたいことも出てくる

21

人間、役目、役目で仕事がある
ところが、それをわかってない人がいる
うまくいってない人は、みんなそうなの

22

人間って、本気で「絶対、これはイヤだ」
って思っていることは起きないようにできている

23

人生を創造する力を
唯一創造主から与えられた人間がその力を発揮できる

24

精神論とは本来、幸せになるためのもの
成功するためのもの

25

最善というのは、一個ではない
いくつもあるの

26
幸せとか成功は行動しない限りないんだよ

27
行動は、勇気がなきゃでないの
勇気は、欲がなきゃでないんだよ

28
「自分がひとりぼっちだ」と弱いんだよ
だけど「仲間がいる！」と思うと強いんだよ

29
一目置かれる人はやさしいだけではない
戦うときは戦う

30
人は神様の「分御霊」というのをもらっている
未熟だけどみんな神である

31

失敗者の特徴は自分の欠点を山ほど発見できるうえに
他人の欠点は10倍発見できる

32

ゆがみを「自分の性格」だと思っているけど、そうじゃない
誰かに植え付けられたものなんだよ

33

自分の欠点をひた隠しに隠して
欠点のままになっちゃうけど
どっかで自分で笑い飛ばせたりできたらいいね

34

たったひと言、吐いた毒で簡単に人は傷ついて
オレたちそれを直してあげるのに、どのくらい、大変か

35

怖くてもやる、ってことは度胸がいいということ
怖くない人というのは、ただの鈍感。意外と大成しない

36
人間というのは放っておくと
不安なことを考えるようにできている

37
機嫌の悪い人がいると周りが気を遣います
人に機嫌をとらせちゃダメなんです
自分の機嫌は自分でとるんです

38
礼儀やほほえみを絶やさない人は幸せになれる

39
自分の礼儀を他人に強要したとたんそれは礼儀ではなくなる
自分の礼儀とは自分がやるべきもの

40
個性を生かせる人は
人に嫌われることを言わない人です

41
幸せなことを考えている人にはさらに幸せが与えられて
不幸なことを考えている人には些細な幸せすら奪われる

42
「上気元」でいるとみんながあなたの味方になってくれる

43
「上気元」をまいている人間には「上気元な出来事が起こる」

44
嫌いな人に会って不気元になるなら
会わないで「上気元」でいたほうがいい

45
自分を「不幸」だと思っている人は人を幸せにはできない

46

「誰かを助けたい」と思ったときに
困っている状態から抜けられる

47

ひとりで明るく生きるのは大変です
でも、大変だからこそ、面白いんです
大変だからこそやりがいがあるんです

48

「上気元」をいつもまいている人間には
「上気元なことが必ず起こる」んです

49

「おいしい」って、言って食べると「おいしい料理」
黙って食べると「ただの料理」

50

人は自分のためにはそんなにがんばれないんだよ
だけど、人のためだと思うとがんばれるんだ

51
人はみんな美しい魂を持って生まれてくるんだよ
だけど考え方が間違っているときれいに見えなくなるんだよ

52
親が病気になるのはね
子どもにいろいろ教えたいからなんだよ

53
何かあったら、一歩前に

54
あなたはそのままで完璧な人間です

55
人格者が成功するのはウソ

56

人間が永久に喜び続けるものはたったひとつしかありません
それは「自分の限界を超える」こと
そしてそのための投資をすることです

57

頭にツヤのない人は天の加護がなく
顔にツヤのない人は世間の加護はありません

58

敗者は勝者から学ぶことで勝利への道が開けます

59

人間は全員で100点なのです

60

与えないものは奪われる

61
「自分のためにもなるし、人のためにもなる
社会の役に立つし、神様の役にも立つ」
〝四方よし〟のアイデアなら、なんでもうまくいく

62
商売は笑顔と愛嬌！
まずはお客様の心をつかむこと

63
イヤな友だちとつき合う必要ないよ
いい友だちとつきあうか
誰ともつき合わないほうがマシなんです

64
笑顔は大事だけどね　悲しいときは泣けばいい
無理に笑うことはないよ

65
何かひとつ「私は一生かけてこれをやる」
というものを見つけてみてごらん
人生、面白くなるよ

66
仕事のコツは十年先より一歩先

67
人を導いてあげたい　救ってあげたい、と思ったら
汚いカッコしてちゃダメです。地味でもダメ
ステキだなと思われるように華やかにしなきゃ

68
あなたの器の大きさしかお金は持てない
だから器量を大きくすることだよ

69
この国は「言霊《ことだま》の国」
言葉を味方にするか、敵にするかで人生って、ぜんぜん違ってきます

70
楽しくて幸せな人生を送っている人は
「素晴らしい口ぐせ」を持っています

71

会社や店を大きくすればいいというものではない
大きくして、仕事が伸びるワケではないよ

72

人間関係で大切なことは
他人がイヤだと思うことは押しつけないこと

73

人が関わらない限りどんな物だって売ることはできない
だから「人間通」になるしかないんだよね

74

自分の魅力を全面に出せる人間になること
21世紀は自分の魅力をアピールする時代だよ

75

部下の立場なら自分が経営者のつもりで働く
全体を見渡せる人間が一番いいんだ

76
イヤな人からは遠ざかってあげる
これも愛なんだよ

77
注意するときは「ちょっといい話があるから」って相手を呼ぶ
怒るのではなく、アドバイスするの

78
リーダーはね、下にいる人たちに
親分のことを大好きになってもらう
これが大事だね

79
大人こそ勉強をすることで
他の人と差がつくんだよ

80
どんなときでも相手を肯定してあげる
一人さんのモットーは「自分にやさしく、人にもやさしく」

81

愛することも大切だけど愛される人生を送ることが大切だよ
愛される人生を送るには愛されるような行為が必要なんだ

82

自分のできることでいいんです
人が喜ぶことをやってみな
あとで神様からご褒美をもらえるから

83

「誰もわかってくれなくていいオレひとりでもやる」
とがんばる人は振り返ると大勢の人がついてくる

84

意見が食い違ったときは言い争う必要はない
「相手が正しい」ってことにしてさっとよければいい

85

一人さんはね
自分の大切な人たちをいじめるやつがいたら猛然と戦うよ

86

苦労するのは、恥ずかしいことじゃない
恥ずかしいのは、苦労したときに助けてくれた人のことを
忘れちゃうことだよ

87

人は見かけではないと言うけれど、見かけは大切です
見かけはだらしないが中身がきちんとしている人は
めったにいませんよ

88

舞台が終わった後
アンコールがかかるような一日にしたい

89

音楽家は音楽を楽しみ　絵描きは絵を楽しみ
私は人生を楽しむ

90

料理も人生もひと手間かけると味わい深いものになる

91

過去はすんだこと
未来はこれからくること
人間は、今しか生きられない

92

人をほめて自分をほめる
これって結構気分がいい

93

一生懸命生きてるだけで悪口を言われることもある
気にしないことだ

94

気分転換したいときのために好きなことを
ふたつ、三つ用意しておくといいですよ
考えてるだけで気分転換になります

95

時々、利口になったり　時々、馬鹿になったり
自然にバランスをとっている

96
落ち着いてる人はゆっくり生きる
慌て者はせかせか生きる
どちらも直す必要はない。それがあなたの性分だから

97
「波乱万丈」ドンとこい！

98
これでよくなる　だからよくなる　さらによくなる

99
人間は誰もが「ダイヤの原石」みたいなもの
磨けば必ずいいものを持っている
もし、あなたの人生が輝いていないのだとしたら
それは単に自分の中の「ダイヤの原石」に気づいてないのかもしれません

100
よく間違う人は行動する人だ。何回でも間違えばいい
成功する人はそういう人だ

この本が
あなたの明るい明日を照らす
あかりになってくれたら
心からの喜びです

斎藤一人

斎藤一人（さいとう・ひとり）

東京生まれ。実業家・著述家。ダイエット食品「スリムドカン」などのヒット商品で知られる化粧品・健康食品会社「銀座まるかん」の創設者。1993年以来、全国高額納税者番付12年間連続6位以内にランクインし、2003年には日本一になる。土地売買や株式公開などによる高額納税者が多い中、事業所得だけで多額の納税をしている人物として注目を集めた。高額納税者の発表が取りやめになった今でも、着実に業績を上げている。また、著者としても「心の楽しさと経済的豊かさを両立させる」ための本を多数出版している。『眼力』（サンマーク出版）、『強運』（PHP研究所）、『仕事と人生』（SBクリエイティブ）、『斎藤一人 人生がすべてうまくいく〝魂〟の成長』（プレジデント社）、『斎藤一人 神的 まぁいいか』（マキノ出版）、『斎藤一人 一日一語』シリーズ（ぴあ）など著書多数。

［さいとうひとり公式ブログ］
https://ameblo.jp/saitou-hitori-official

斎藤一人
明るい未来の作り方

2021年2月28日　初版発行

著者　斎藤一人
発行人　木本敬巳
企画・原稿・編集　相川未佳
編集　山田真優
取材協力　舛岡はなゑ
装丁　金井久幸（TwoThree）
DTP　TwoThree
発行・発売　ぴあ株式会社
〒150-0011
東京都渋谷区東1-2-20
渋谷ファーストタワー
03-5774-5262（編集）
03-5774-5248（販売）
印刷・製本　中央精版印刷株式会社

ISBN978-4-8356-3999-4